AF189256

Impressum
Verlag: BABADADA GmbH, Nedderfeld 112 , 22529 Hamburg
Geschäftsführer / Verlagsleitung: Harald Hof
Druck: Books on Demand GmbH, In de Tarpen 42, 22848 Norderstedt

Imprint
Publisher: BABADADA GmbH, Nedderfeld 112 , 22529 Hamburg, Germany
Managing Director / Publishing direction: Harald Hof
Print: Books on Demand GmbH, In de Tarpen 42, 22848 Norderstedt

kool

okul

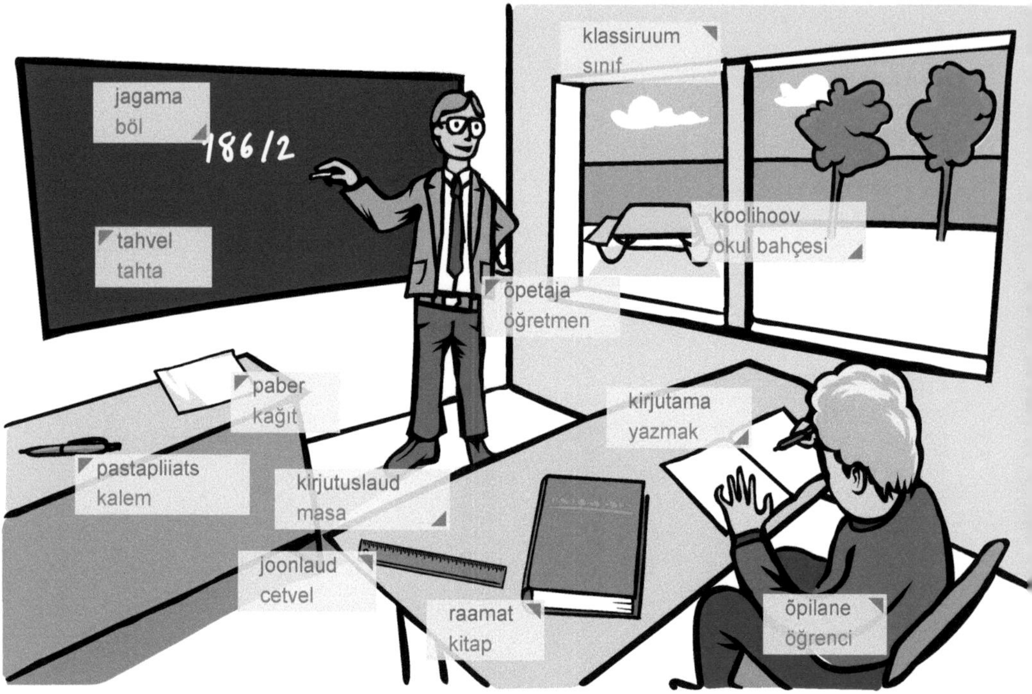

klassiruum
sınıf
jagama
böl
186/2
tahvel
tahta
koolihoov
okul bahçesi
õpetaja
öğretmen
paber
kağıt
kirjutama
yazmak
pastapliiats
kalem
kirjutuslaud
masa
joonlaud
cetvel
raamat
kitap
õpilane
öğrenci

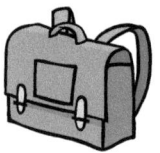

koolikott
okul çantası

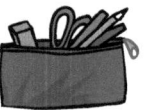

pinal
kalemlik

harilik pliiats
kurşun kalem

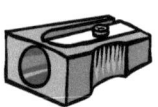

pliiatsiteritaja
kalem açacağı

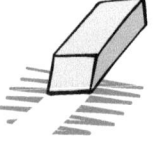

kustukumm
silgi

joonistusplokk
çizim defteri

joonistus
çizim

pintsel
resim fırçası

värvikarp
boya kutusu

käärid
makas

liim
tutkal

töövihik
alıştırma kitabı

kodutöö
ödev

number
sayı

liitma
ekle

lahutama
çıkar

korrutama
çarp

arvutama
hesapla

täht
harf

tähestik
alfabe

sõna
kelime

tekst
metin

lugema
okumak

kriit
tebeşir

koolitund
ders

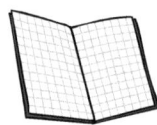

klassipäevik
kayıt

eksam
sınav

tunnistus
sertifika

koolivorm
okul forması

haridus
eğitim

entsüklopeedia
ansiklopedi

ülikool
üniversite

mikroskoop
mikroskop

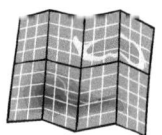

kaart
harita

paberikorv
kağıt çöp kutusu

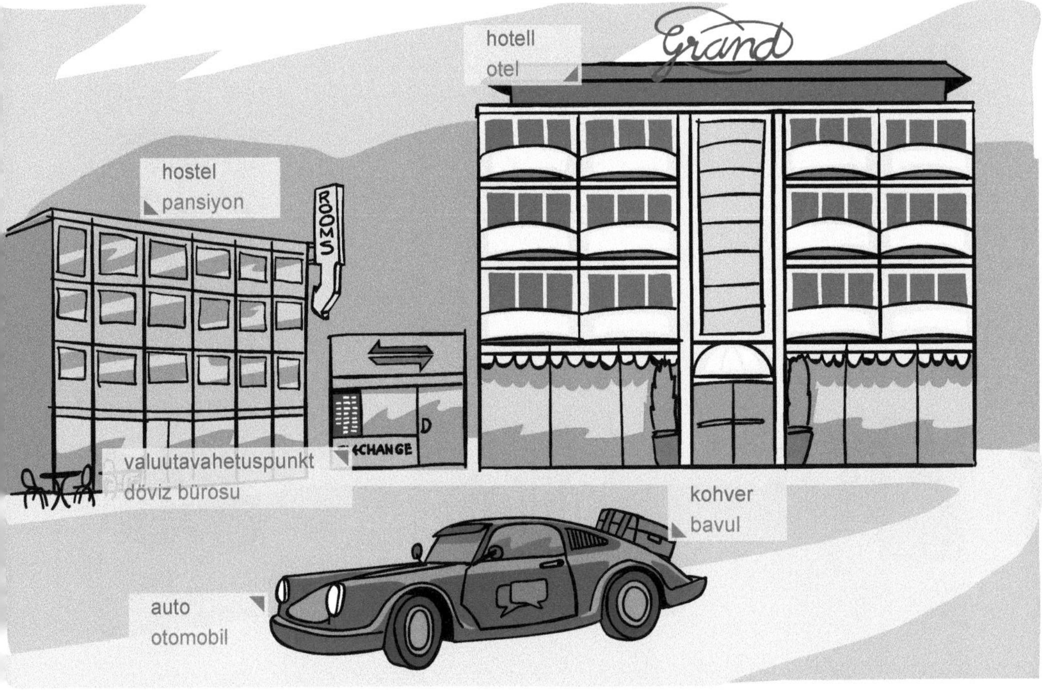

hotell
otel
Grand
hostel
pansiyon
ROOMS
EXCHANGE
valuutavahetuspunkt
döviz bürosu
kohver
bavul
auto
otomobil

keel

dil

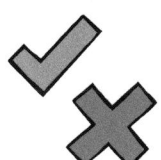

jah / ei

evet / hayır

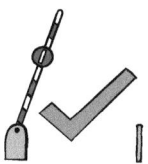

okei

Tamam

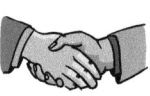

Tere!

merhaba

tõlk

çevirmen

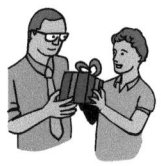

Aitäh!

Teşekkür ederim

Kui palju maksab ...?

bu ... ne kadar?

Ma ei saa aru

anlamadım

probleem

problem

Tere õhtust!

İyi akşamlar!

Tere hommikust!

Günaydın!

Head ööd!

İyi geceler!

Head aega!

güle güle

suund

yön

pagas

bagaj

kott

çanta

seljakott

sırt çantası

külaline

misafir

tuba

oda

magamiskott

uyku tulumu

telk

çadır

turismiinfo

turist danışma

rand

sahil

krediitkaart

kredi kartı

hommikusöök

kahvaltı

lõunasöök

öğle yemeği

õhtusöök

akşam yemeği

pilet

Bilet

lift

asansör

postmark

pul

riigipiir

sınır

toll

gümrük

saatkond

elçilik

viisa

vize

pass

pasaport

transport
ulaşım

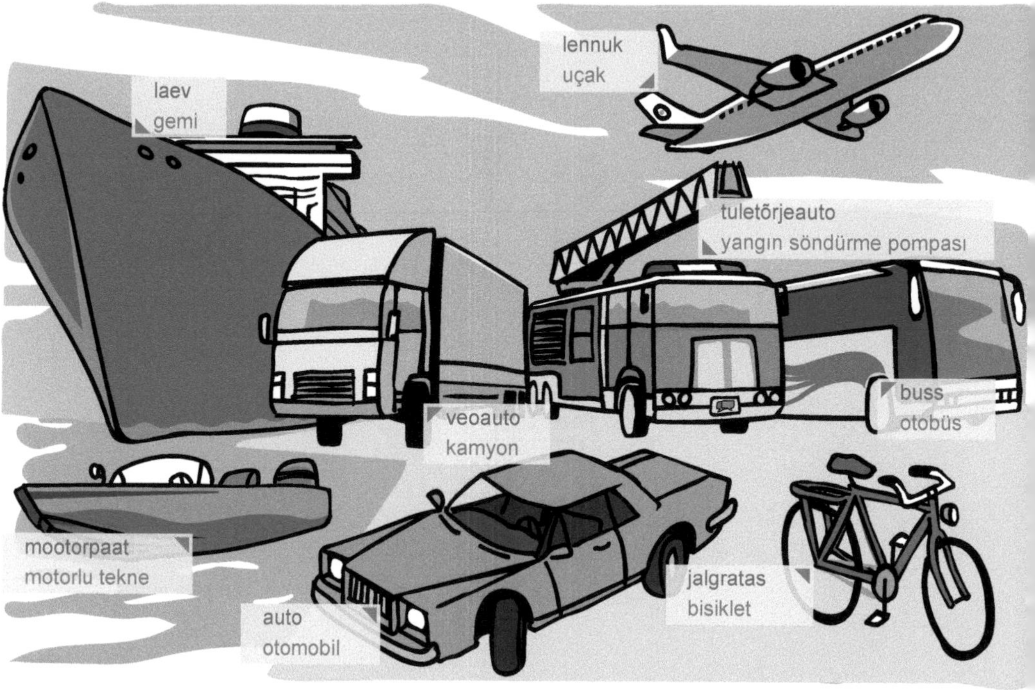
lennuk
uçak
laev
gemi
tuletõrjeauto
yangın söndürme pompası
buss
otobüs
veoauto
kamyon
mootorpaat
motorlu tekne
jalgratas
bisiklet
auto
otomobil

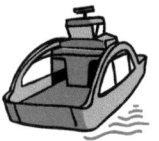

praam

feribot

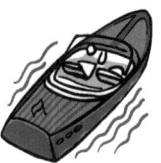

paat

bot

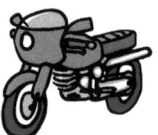

mootorratas

motosiklet

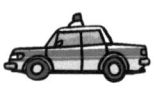

politseiauto

polis arabası

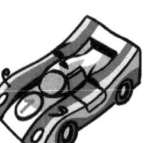

võidusõiduauto

yarış arabası

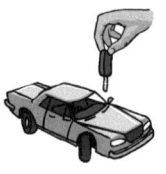

rendiauto

kiralık araba

ühisauto	puksiirauto	prügiauto
ortak araba	çekici	çöp kamyonu

mootor	kütus	tankla
motor	yakıt	benzinlik
	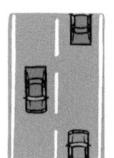	
liiklusmärk	liiklus	liiklusummik
trafik işareti	trafik	trafik sıkışıklığı

parkla	raudteejaam	rööpad
otopark	tren istasyonu	ray
	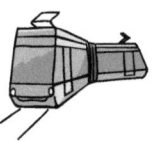	
rong	tramm	vagun
tren	tramvay	vagon

helikopter
helikopter

lennujaam
havaalanı

torn
kule

reisija
yolcu

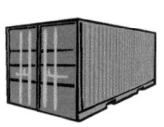

konteiner
konteyner

pappkast
koli

käru
yük arabası

korv
sepet

õhku tõusma / maanduma
kalkış / iniş

linn

şehir

küla
köy

kesklinn
şehir merkezi

maja
ev

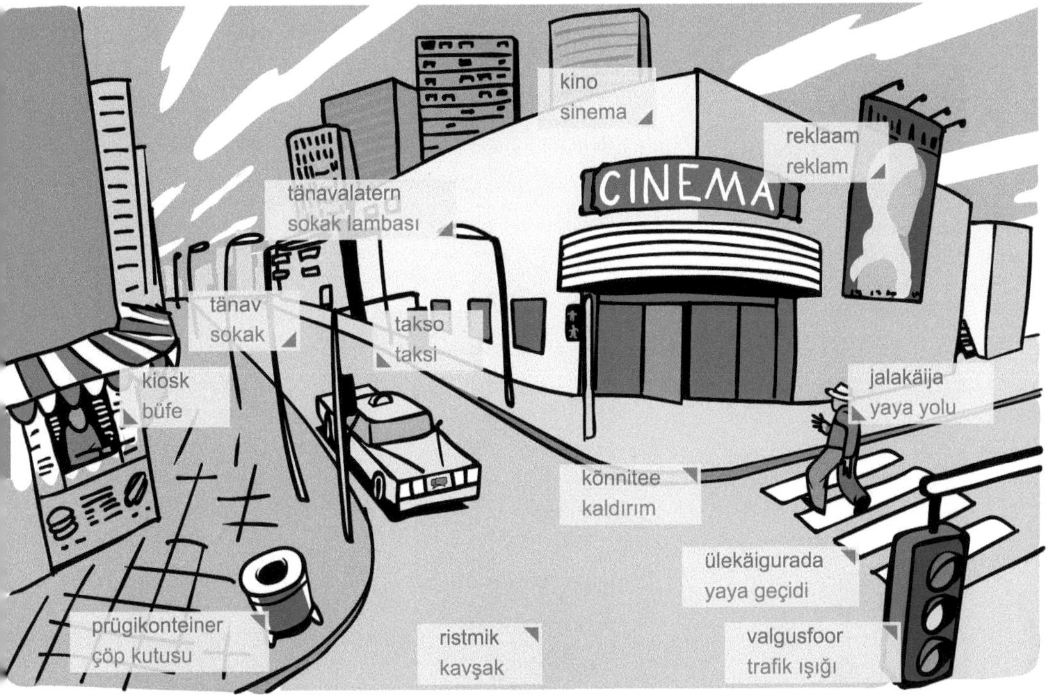

kino
sinema

reklaam
reklam

tänavalatern
sokak lambası

tänav
sokak

takso
taksi

CINEMA

jalakäija
yaya yolu

kiosk
büfe

könnitee
kaldırım

ülekäigurada
yaya geçidi

prügikonteiner
çöp kutusu

ristmik
kavşak

valgusfoor
trafik ışığı

osmik
kulübe

kortermaja
apartman dairesi

raudteejaam
tren istasyonu

raekoda
belediye binası

muuseum
müze

kool
okul

linn - şehir

ülikool

üniversite

pank

banka

haigla

hastane

hotell

otel

apteek

eczane

kontor

ofis

raamatupood

kitapçı

kauplus

mağaza

lillepood

çiçekçi

supermarket

süpermarket

turg

market

kaubamaja

büyük mağaza

kalapood

balık satıcısı

kaubanduskeskus

alışveriş merkezi

sadam

liman

park
park

pink
bank

sild
köprü

trepp
merdiven

metroo
metro

tunnel
tünel

bussipeatus
otobüs durağı

baar
bar

restoran
restoran

postkast
posta kutusu

tänavasilt
sokak tabelası

parkimisautomaat
otopark sayacı

loomaaed
hayvanat bahçesi

ujula
yüzme havuzu

mošee
cami

talu
....
çiftlik

reostus
....
kirlilik

surnuaed
....
mezarlık

kirik
....
kilise

mänguväljak
....
oyun alanı

tempel
....
tapınak

maastik
arazi

leht
yaprak

teeviit
yön tabelası

tee
yol

aas
çayır

kivi
taş

puu
ağaç

matkaja
yürüyüşçü

jõgi
ırmak

rohi
çimen

lill
çiçek

org
vadi

mägi
tepe

järv
göl

mets
orman

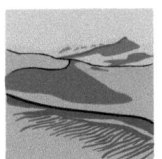

kõrb
çöl

vulkaan
volkan

linnus
kale

vikerkaar
gökkuşağı

seen
mantar

palm
palmiye

sääsk
sivrisinek

kärbes
sinek

sipelgas
karınca

mesilane
arı

ämblik
örümcek

mardikas

böcek

konn

kurbağa

orav

sincap

siil

kirpi

jänes

yabani tavşan

öökull

baykuş

lind

kuş

luik

kuğu

metssiga

yaban domuzu

hirv

geyik

põder

geyik

pais

baraj

tuuleturbiin

rüzgar türbini

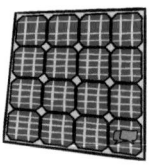

päikesepaneel

güneş paneli

kliima

iklim

restoran

restoran

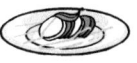

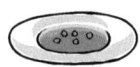

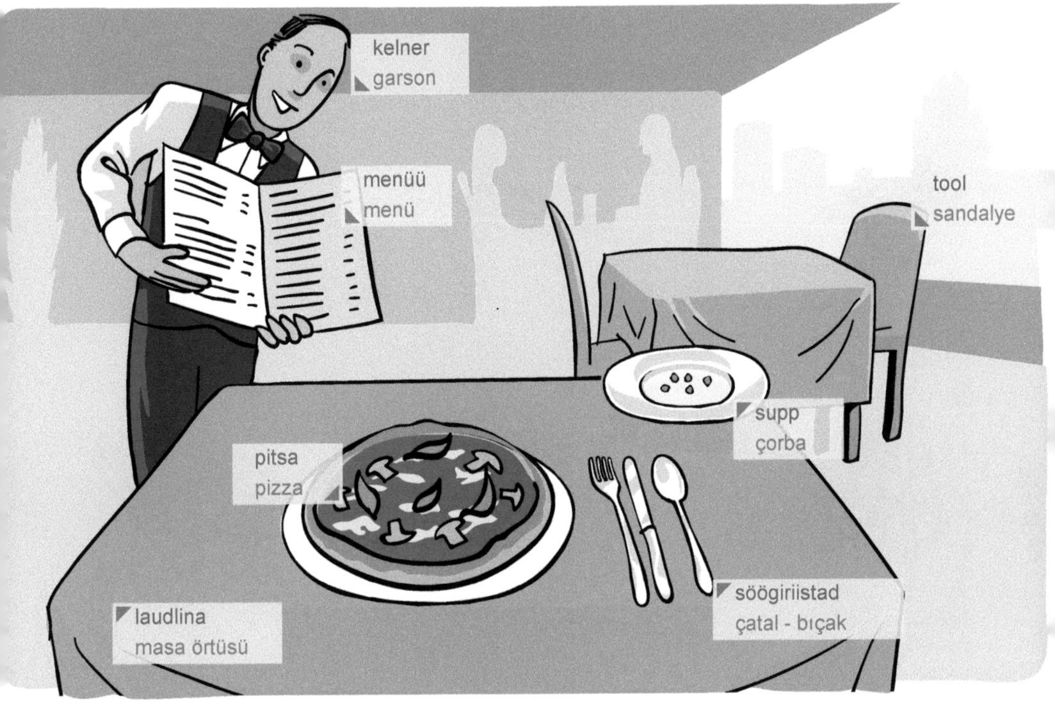
kelner
garson
menüü
menü
tool
sandalye
supp
çorba
pitsa
pizza
söögiriistad
çatal - bıçak
laudlina
masa örtüsü

eelroog
başlangıç

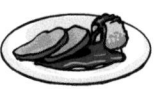

pearoog
ana yemek

magustoit
tatlı

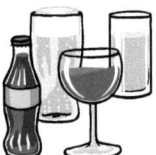

joogid
içecekler

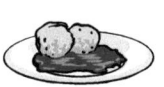

toit
yemek

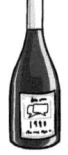

pudel
şişe

kiirtoit

fastfood

tänavatoit

sokak yemeği

teekann

çaydanlık

suhkrutoos

şekerlik

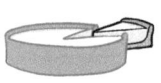

portsjon

porsiyon

espressomasin

espresso makinesi

lastetool

mama sandalyesi

arve

fatura

kandik

tepsi

nuga

bıçak

kahvel

çatal

lusikas

kaşık

teelusikas

çay kaşığı

salvrätik

servis peçetesi

klaas

bardak

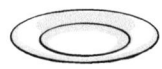

taldrik
tabak

supitaldrik
çorba kasesi

alustass
fincan altlığı

kaste
sos

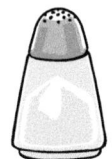

soolatoos
tuzluk

pipraveski
karabiber değirmeni

äädikas
sirke

õli
yağ

vürtsid
baharat

ketšup
ketçap

sinep
hardal

majonees
mayonez

supermarket
süpermarket

eripakkumine
özel teklif
FOR
klient
müşteri
piimatooted
süt ürünleri
puuviljad
meyve
ostukäru
alışveriş arabası

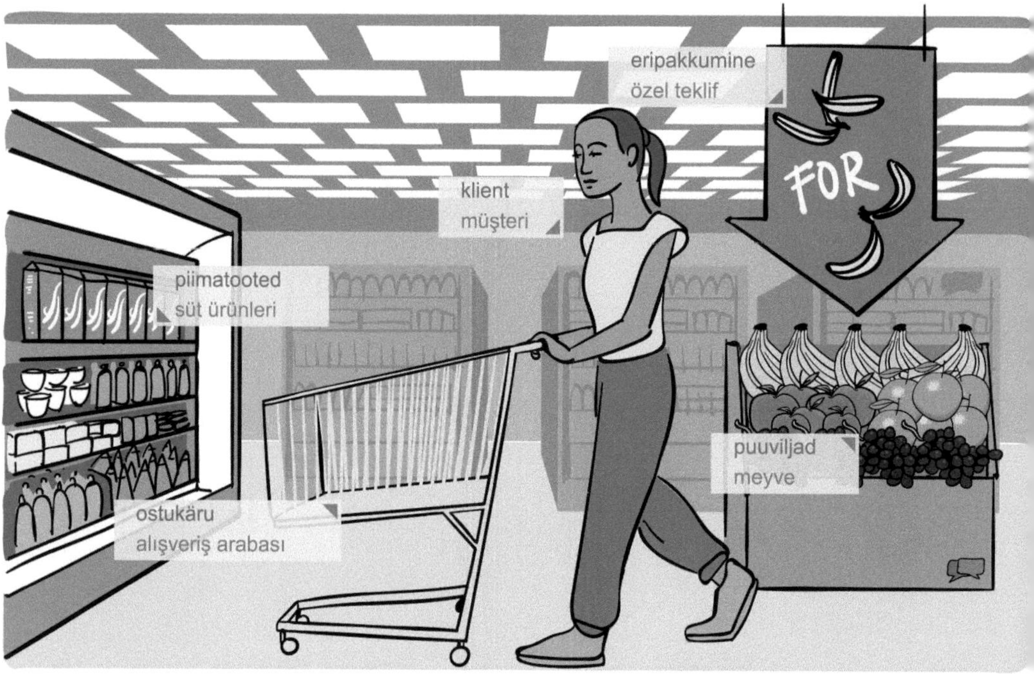

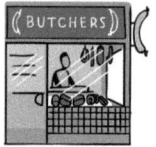

BUTCHERS

lihapood
kasap

BAKERY

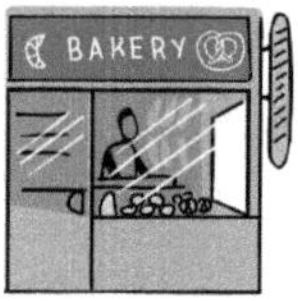

pagariäri
fırın

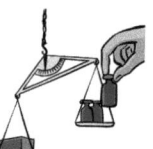

kaaluma
tartmak

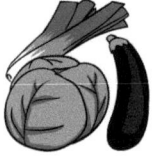

köögiviljad
sebze

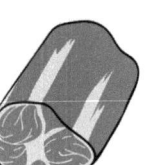

liha
et

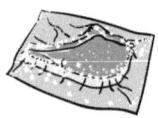

külmutatud toit
donmuş gıda

lihalõigud

söğüş et

konservid

konserve yiyecek

pesupulber

toz deterjan

maiustused

şekerlemeler

majatarbed

ev temizlik ürünleri

puhastustooted

temizlik ürünleri

müüja

satış görevlisi

kassaaparaat

yazar kasa

kassapidaja

kasiyer

ostunimekiri

alışveriş listesi

lahtiolekuajad

açılış saatleri

rahakott

cüzdan

krediitkaart

kredi kartı

kott

çanta

kilekott

plastik poşet

vesi

su

mahl

meyve suyu

piim

süt

koola

kola

vein

şarap

õlu

bira

alkohol

alkol

kakao

kakao

tee

çay

kohv

kahve

espresso

espresso

cappuccino

kapuçino

banaan

muz

õun

elma

apelsin

portakal

arbuus

kavun

sidrun

limon

porgand

havuç

küüslauk

sarımsak

bambus

bambu

sibul

soğan

seen

mantar

pähklid

çerez

nuudlid

makarna

spagetid

spagetti

riis

pirinç

salat

salata

friikartulid

cips

praekartulid

patates kızartması

pitsa

pizza

hamburger

hamburger

võileib

sandviç

šnitsel

şinitzel

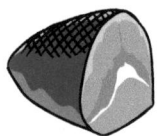

sink

pastırma

salaami

salam

vorst

sosis

kana

tavuk

praeliha

rosto

kala

balık

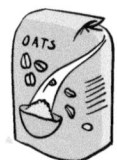

kaerahelbed

yulaf ezmesi

müsli

müsli

maisihelbed

mısır gevreği

jahu

un

sarvesai

kruvasan

kukkel

küçük ekmek

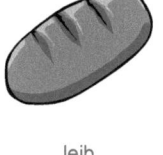

leib

ekmek

röstsai

tost

küpsised

bisküvi

või

tereyağı

kohupiim

kaymak

kook

kek

muna

yumurta

praemuna

sahanda yumurta

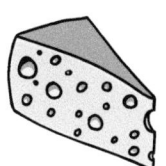

juust

peynir

toit - yemek

jäätis

dondurma

suhkur

şeker

mesi

bal

moos

reçel

pähklivõie

fındık ezmesi

karri

köri

talu
çiftlik

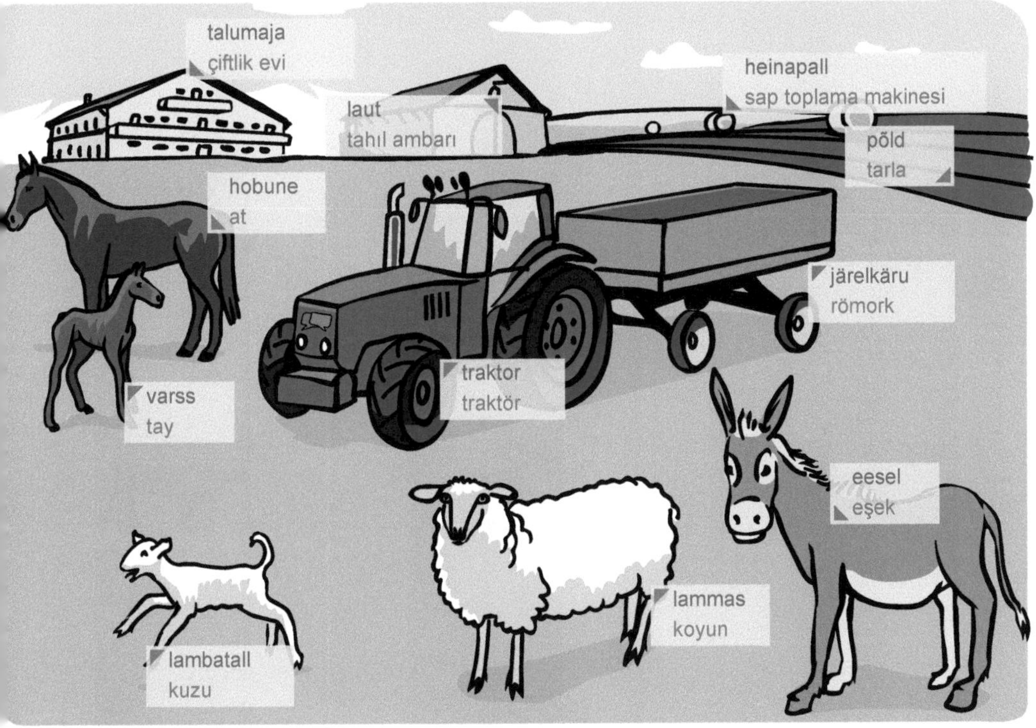
talumaja
çiftlik evi
laut
tahıl ambarı
heinapall
sap toplama makinesi
põld
tarla
hobune
at
järelkäru
römork
traktor
traktör
varss
tay
eesel
eşek
lammas
koyun
lambatall
kuzu

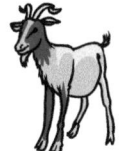

kits
keçi

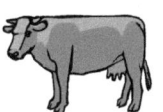

lehm
inek

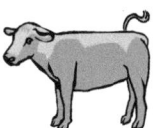

vasikas
buzağı

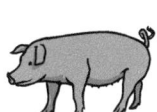

siga
domuz

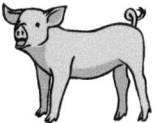

põrsas
domuz yavrusu

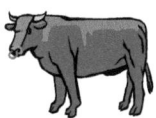

pull
boğa

hani
kaz

part
ördek

tibu
civciv

kana
tavuk

kukk
horoz

rott
sıçan

kass
kedi

hiir
fare

härg
öküz

koer
köpek

koerakuut
köpek kulübesi

aiavoolik
bahçe hortumu

kastekann
sulama kabı

vikat
tırpan

ader
pulluk

talu - çiftlik

sirp

orak

kõblas

çapa

hang

dirgen

kirves

balta

käru

el arabası

küna

yemlik

piimanõu

süt kovası

kott

çuval

tara

çit

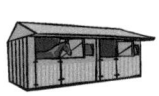

tall

ahır

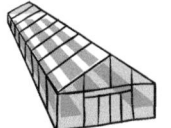

kasvuhoone

sera

muld

toprak

seeme

tohum

väetis

gübre

kombain

biçerdöver

saaki koristama

hasat etmek

saagikoristus

harman

jamss

tatlı patates

nisu

buğday

soja

soya

kartul

patates

mais

mısır

raps

kolza

viljapuu

meyve ağacı

maniokk

manyok

teravili

hububat

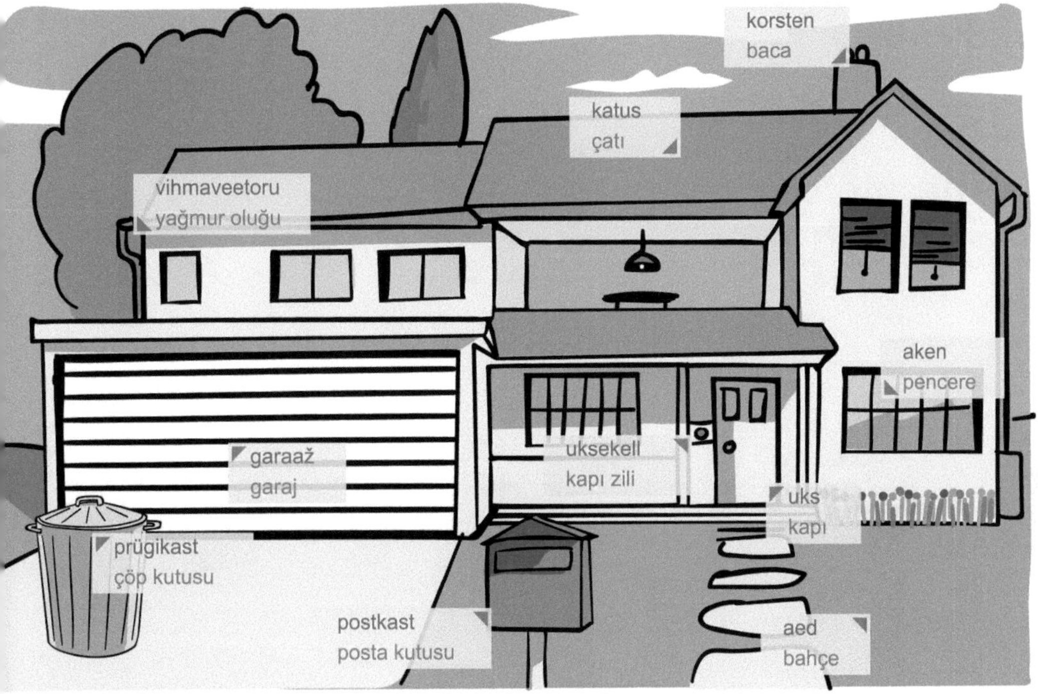

korsten
baca

katus
çatı

vihmaveetoru
yağmur oluğu

aken
pencere

garaaž
garaj

uksekell
kapı zili

uks
kapı

prügikast
çöp kutusu

postkast
posta kutusu

aed
bahçe

elutuba

oturma odası

vannituba

banyo

köök

mutfak

magamistuba

yatak odası

lastetuba

çocuk odası

söögituba

yemek odası

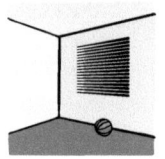

põrand
zemin

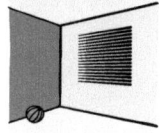

sein
duvar

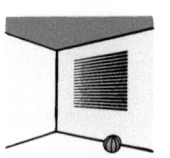

lagi
tavan

kelder
kiler

saun
sauna

rõdu
balkon

terrass
teras

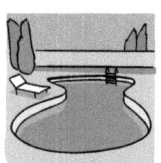

bassein
havuz

muruniiduk
çim biçme makinesi

voodilina
çarşaf

päevatekk
yatak örtüsü

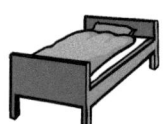

voodi
yatak

luud
süpürge

ämber
kova

lüliti
anahtar

elutuba
oturma odası

tapeet
duvar kağıdı
pilt
resim
lamp
lamba
riiul
raf
kapp
dolap
televiisor
televizyon
kamin
şömine
lill
çiçek
padi
minder
diivan
kanepe
vaas
vazo
kaugjuhtimispult
uzaktan kumanda

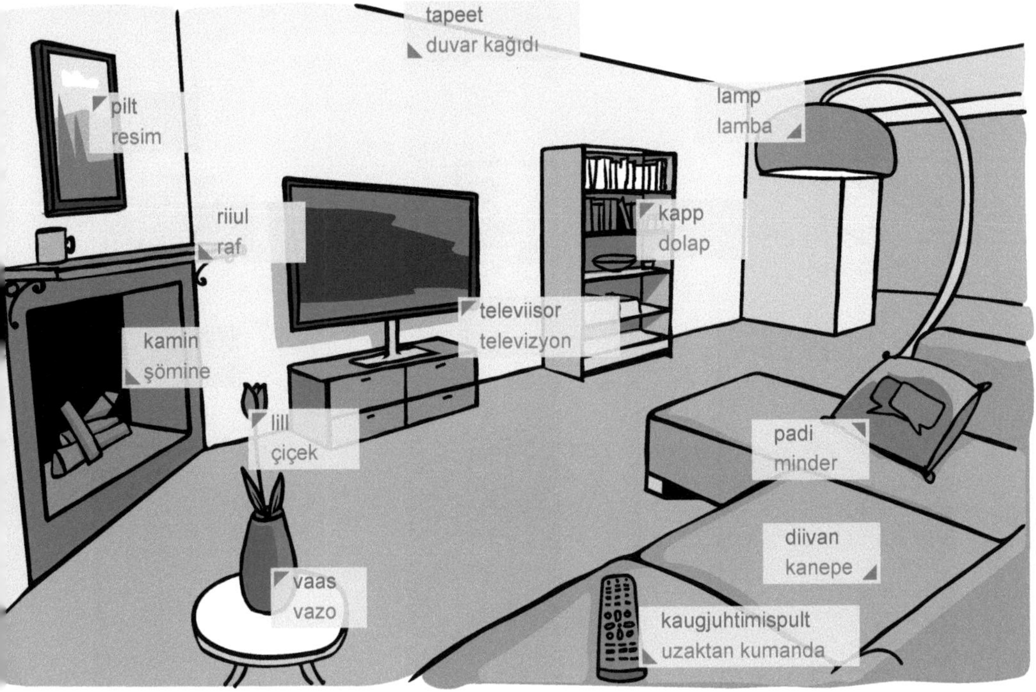

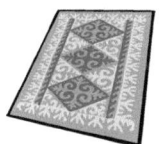

vaip

halı

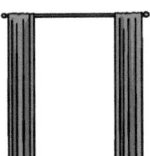

kardin

perde

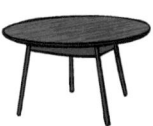

laud

masa

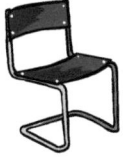

tool

sandalye

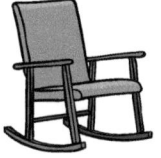

kiiktool

salıncaklı koltuk

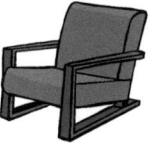

tugitool

koltuk

raamat
kitap

tekk
battaniye

kaunistus
dekor

küttepuud
odun

film
film

helisüsteem
hi-fi

võti
anahtar

ajaleht
gazete

maal
tablo

plakat
poster

raadio
radyo

märkmik
defter

tolmuimeja
elektrikli süpürge

kaktus
kaktüs

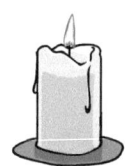

küünal
mum

köök
mutfak

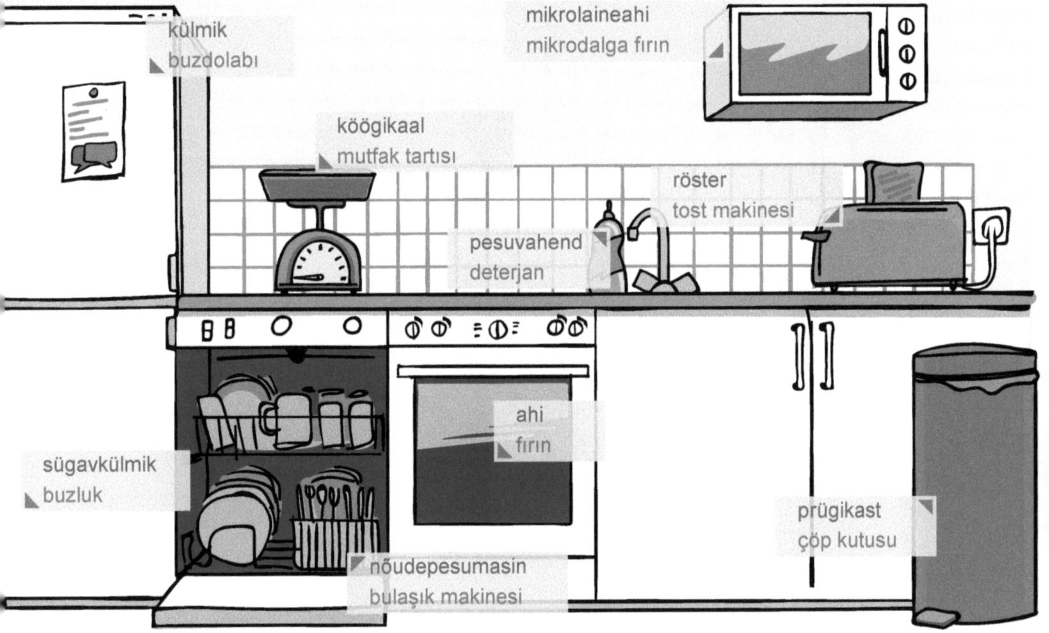
külmik
buzdolabı
mikrolaineahi
mikrodalga fırın
köögikaal
mutfak tartısı
röster
tost makinesi
pesuvahend
deterjan
ahi
fırın
sügavkülmik
buzluk
prügikast
çöp kutusu
nõudepesumasin
bulaşık makinesi

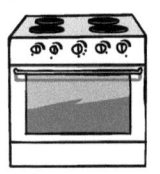

pliit

ocak

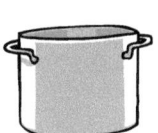

pott

tencere

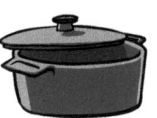

malmpott

döküm tencere

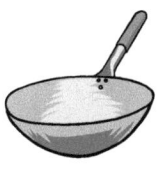

vokkpann

wok

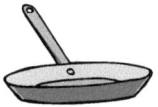

pann

tava

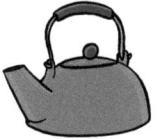

veekeetja

su ısıtıcı

aurutaja

buharlı pişirici

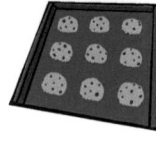

küpsetusplaat

pişirme tepsisi

lauanõud

tabak takımı

kruus

kupa

kauss

kase

söögipulgad

çubuk (çin yemeği)

kulp

kepçe

pannilabidas

spatula

vispel

çırpma teli

kurn

süzgeç

sõel

elek

riiv

rende

uhmer

havan

grill

barbekü

lahtine tuli

açık ateş

lõikelaud

kesme tahtası

tainarull

merdane

korgitser

tirbüşon

konservipurk

konserve kutusu

konserviavaja

konserve açacağı

pajakinnas

fırın eldiveni

kraanikauss

evye

hari

fırça

pesukäsn

sünger

kannmikser

blender

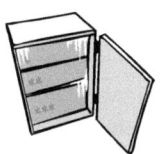

sügavkülmuti

derin dondurucu

lutipudel

biberon

segisti

musluk

vannituba

banyo

küte
ısıtma
käterätik
havlu
dušš
duş
dušikardin
duş perdesi
mullivann
köpük banyosu
vann
küvet
klaas
bardak
pesumasin
çamaşır makinesi
segisti
musluk
plaadid
fayans
pissipott
lazımlık
kraanikauss
evye

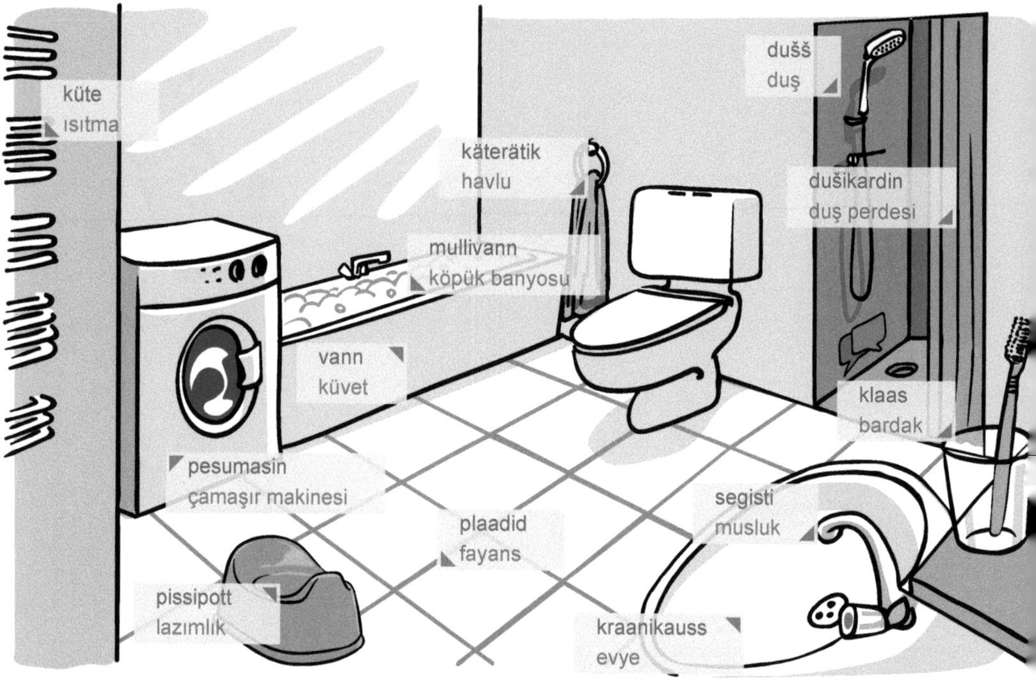

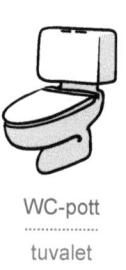

WC-pott

tuvalet

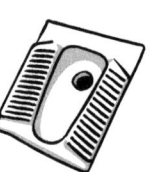

kükitamistualett

alaturka tuvalet

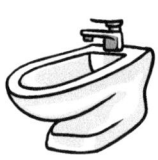

bidee

bide

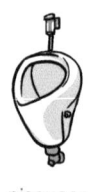

pissuaar

pisuvar

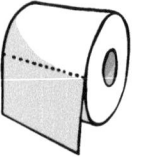

tualettpaber

tuvalet kağıdı

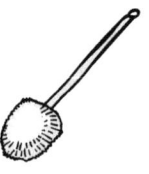

WC-hari

tuvalet fırçası

hambahari

diş fırçası

hambapasta

diş macunu

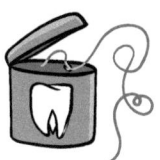

hambaniit

diş ipi

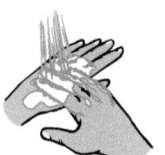

pesema

yıkamak

käsidušš

duş başlığı

intiimdušš

duş başlığı şeklinde taharet
musluğu

pesukauss

küvet

seljahari

banyo fırçası

seep

sabun

dušigeel

duş jeli

šampoon

şampuan

vamm

banyo lifi

äravool

gider

kreem

krem

deodorant

deodorant

peegel

ayna

käsipeegel

el aynası

habemenuga

jilet

raseerimisvaht

tıraş köpüğü

habemevesi

tıraş losyonu

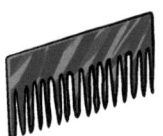

kamm

tarak

hari

fırça

föön

saç kurutma makinesi

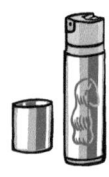

juukselakk

saç spreyi

meigikomplekt

makyaj

huulepulk

ruj

küünelakk

tırnak cilası

vatt

pamuk

küünekäärid

tırnak makası

parfüüm

parfüm

tualett-tarvete kott

makyaj çantası

taburet

tabure

kaal

tartı

hommikumantel

bornoz

kummikindad

lastik eldiven

tampoon

tampon

hügieeniside

kadın pedi

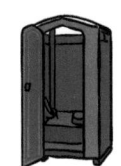

keemiline tualett

kimyevi tuvalet

lastetuba

çocuk odası

äratuskell
çalar saat
pehme mänguasi
peluş oyuncak
mänguauto
oyuncak araba
kõristi
çıngırak
nukumaja
bebek evi
kingitus
hediye

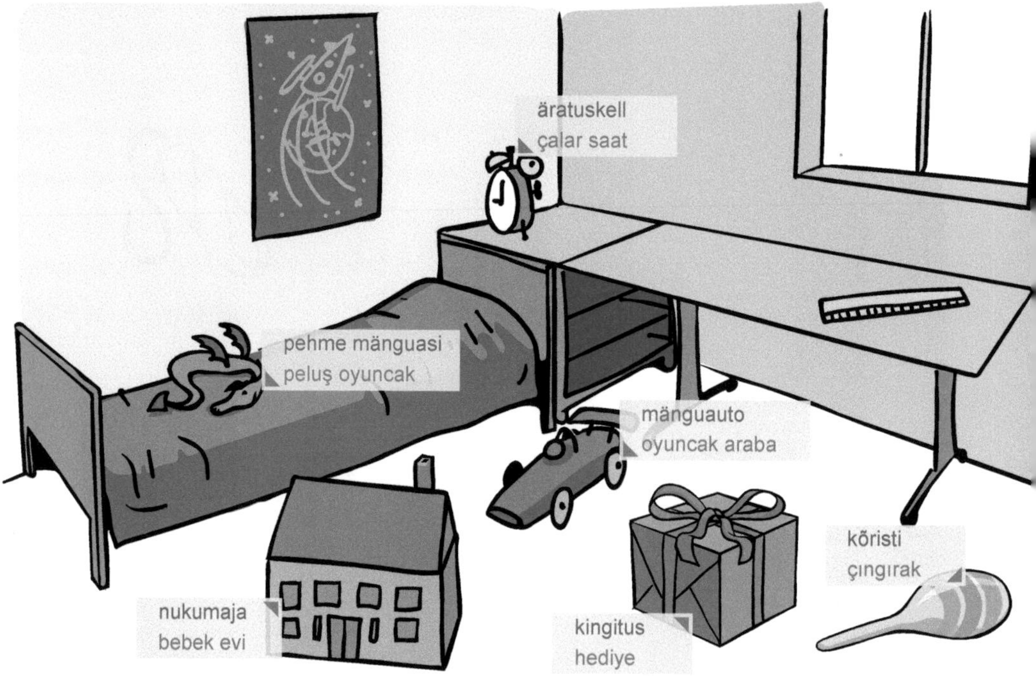

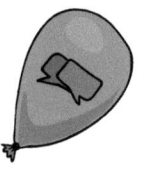

õhupall

balon

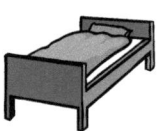

voodi

yatak

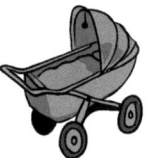

lapsevanker

bebek arabası

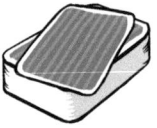

kaardipakk

kart destesi

pusle

yapboz

SUPER MEGA

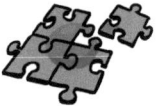

koomiks

çizgi roman

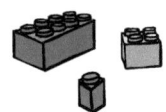

Lego klotsid

lego tuğlaları

klotsid

lego blokları

kujuke

aksiyon figürü

siputuspüksid

zıbın

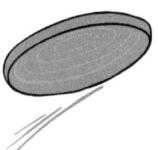

lendav taldrik

frizbi

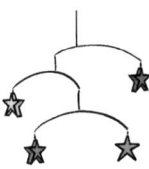

voodikarussell

dönence

lauamäng

masa oyunu

täringud

zar

mudelrong

model tren seti

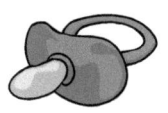

lutt

emzik

pidu

parti

pildiraamat

resimli kitap

pall

top

nukk

oyuncak bebek

mängima

oynamak

liivakast

kum havuzu

kiik

salıncak

mänguasjad

oyuncaklar

mängukonsool

video oyun konsolu

kolmerattaline jalgratas

üç tekerlekli bisiklet

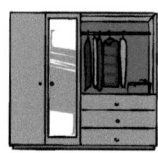

mängukaru

oyuncak ayı

riidekapp

gardırop

riietus
kıyafet

sokid

çorap

sukad

külotlu çorap

sukkpüksid

tayt

sall
eşarp

vihmavari
şemsiye

T-särk
tişört

vöö
kemer

saapad
bot

sussid
terlik

tossud
spor ayakkabı

sandaalid	jalatsid	kummikud
sandalet	ayakkabı	lastik çizme
aluspüksid	rinnahoidja	vest
külot	sütyen	yelek

riietus - kıyafet

bodi

dar bluz

püksid

pantolon

teksapüksid

kot pantolon

seelik

etek

pluus

bluz

särk

gömlek

sviiter

kazak

dressipluus

süveter

bleiser

blazer

jakk

ceket

mantel

mont

vihmamantel

yağmurluk

kostüüm

kostüm

kleit

elbise

pulmakleit

gelinlik

ülikond

takım elbise

öösärk

gecelik

pidžaama

pijama

sari

sari

pearätt

baş örtüsü

turban

türban

burka

burka

kaftan

kaftan

abayah

çarşaf

ujumistrikoo

mayo

ujumispüksid

erkek mayosu

lühikesed püksid

şort

dressid

eşofman

põll

önlük

kindad

eldiven

nööp
düğme

prillid
gözlük

käevõru
bilezik

kaelakee
kolye

sõrmus
yüzük

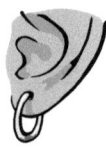

kõrvarõngas
küpe

nokamüts
kep

riidepuu
portmanto

kaabu
şapka

lips
kravat

tõmblukk
fermuar

kiiver
kask

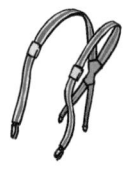

traksid
pantolon askısı

koolivorm
okul forması

vormirõivad
üniforma

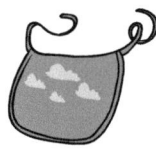

pudipõll

mama önlüğü

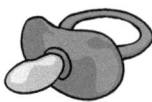

lutt

emzik

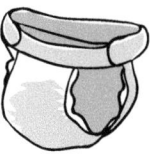

mähe

bebek bezi

kontor

ofis

server
sunucu
arhiivikapp
dosya dolabı
printer
yazıcı
paber
kağıt
monitor
monitör
hiir
fare
kirjutuslaud
masa
kaust
klasör
klaviatuur
klavye
tool
sandalye
paberikorv
kağıt çöp kutusu
arvuti
bilgisayar

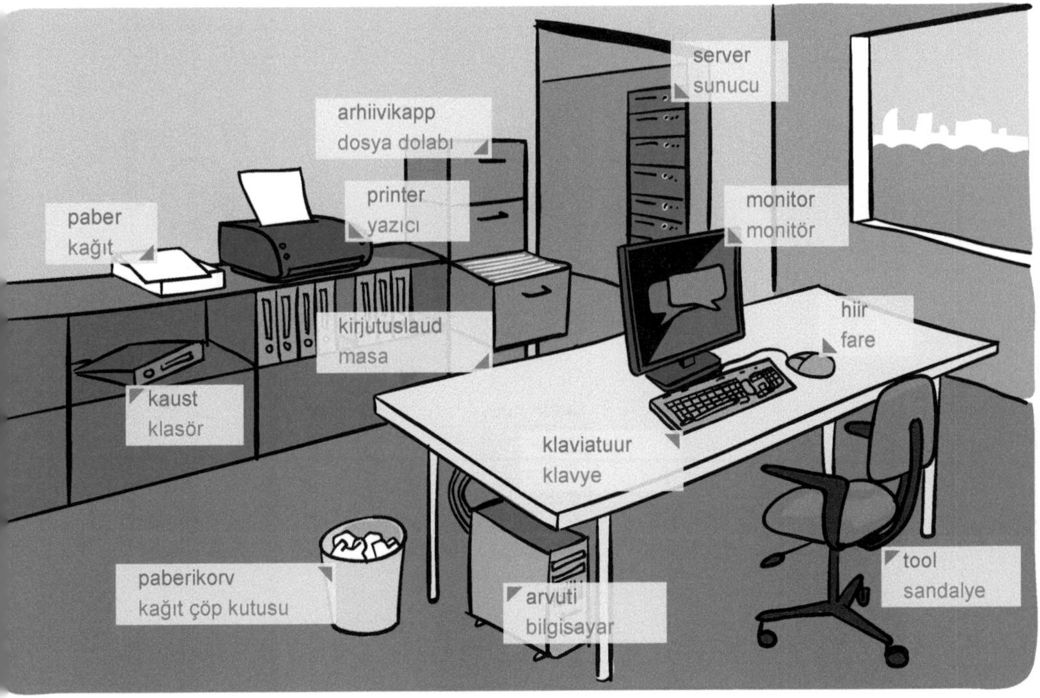

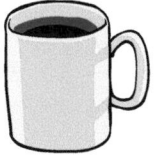

kohvikruus

kahve fincanı

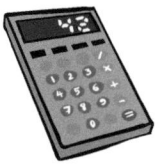

kalkulaator

hesap makinesi

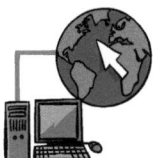

internet

internet

sülearvuti

dizüstü

kiri

mektup

sõnum

mesaj

mobiiltelefon

cep telefonu

võrk

ağ

koopiamasin

fotokopi makinesi

tarkvara

yazılım

telefon

telefon

pistikupesa

priz

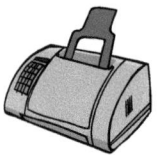

faksimasin

faks makinesi

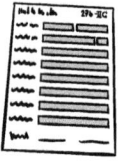

vorm

form

dokument

belge

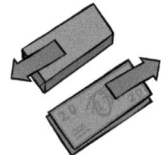

ostma

satın almak

maksma

ödemek

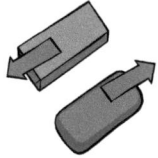

vahetama

ticaret yapmak

raha

para

dollar

dolar

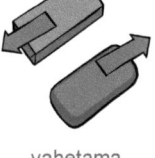

euro

avro

jeen

yen

rubla

ruble

Šveitsi frank

İsviçre frangı

renminbi jüaan

Çin yuanı

ruupia

rupi

sularahaautomaat

kasa

valuutavahetuspunkt

döviz bürosu

kuld

altın

hõbe

gümüş

nafta

petrol

energia

enerji

hind

fiyat

leping

kontrat

maks

vergi

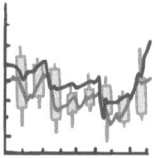

aktsia

menkul değer

töötama

çalışmak

töötaja

işveren

tööandja

işçi

tehas

fabrika

kauplus

mağaza

ametid
meslekler

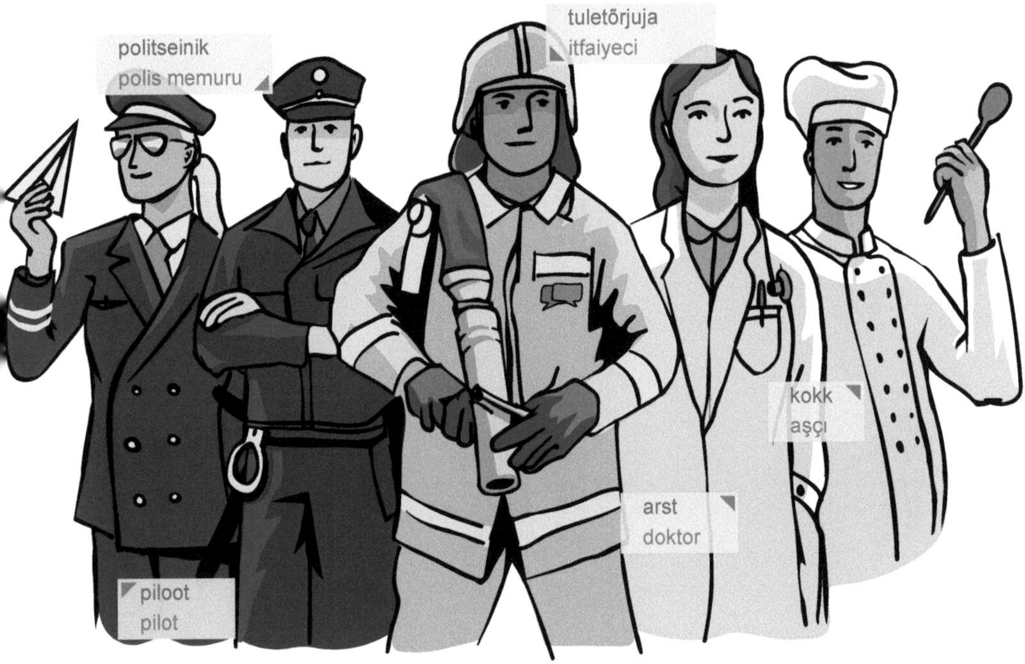
politseinik
polis memuru
tuletõrjuja
itfaiyeci
kokk
aşçı
arst
doktor
piloot
pilot

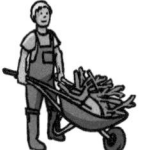

aednik

bahçıvan

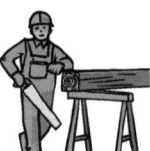

puusepp

marangoz

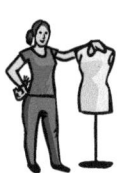

õmbleja

terzi

kohtunik

hakim

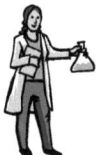

keemik

kimyager

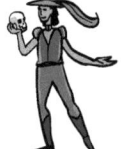

näitleja

aktör

bussijuht

otobüs şoförü

taksojuht

taksi şoförü

kalamees

balıkçı

koristaja

temizlikçi

katusepaigaldaja

çatı ustası

kelner

garson

jahimees

avcı

maaler

boyacı

pagar

fırıncı

elektrik

elektrikçi

ehitaja

inşaatçı

insener

mühendis

lihunik

kasap

torumees

muslukçu

postiljon

postacı

sõdur
asker

arhitekt
mimar

kassapidaja
kasiyer

lillemüüja
çiçekçi

juuksur
kuaför

piletikontrolör
kondüktör

mehaanik
tamirci

kapten
kaptan

hambaarst
dişçi

teadlane
bilim insanı

rabi
haham

imaam
imam

munk
keşiş

preester
rahip

tööriistad
aletler

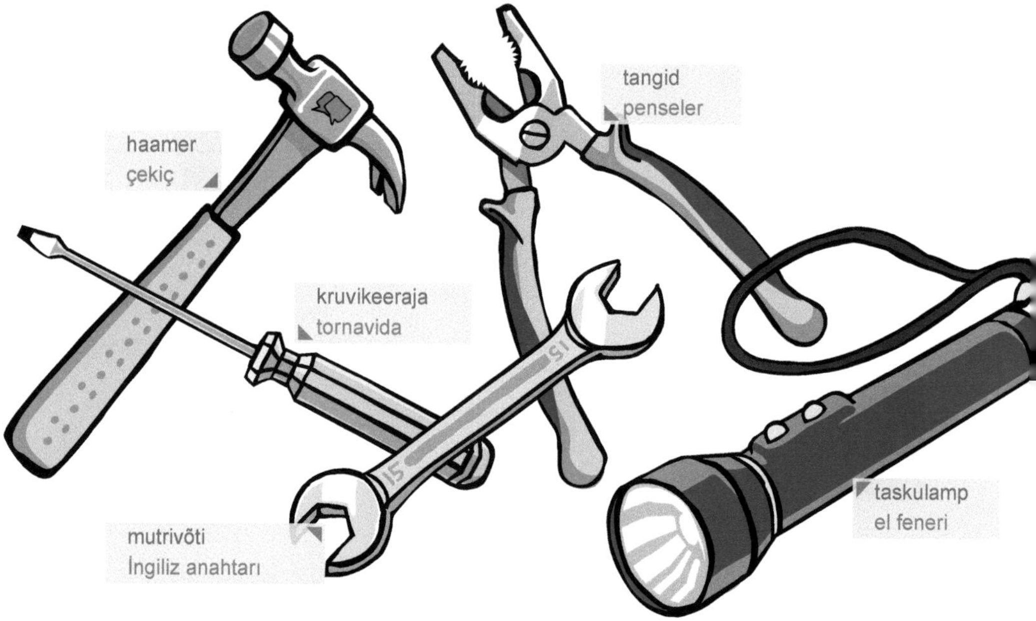
haamer
çekiç
tangid
penseler
kruvikeeraja
tornavida
mutrivõti
İngiliz anahtarı
taskulamp
el feneri

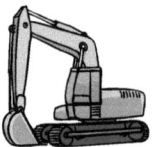

ekskavaator

kazı makinesi

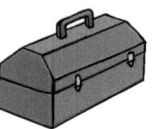

tööriistakast

alet çantası

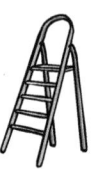

redel

merdiven

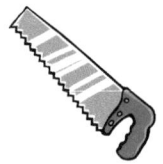

saag

testere

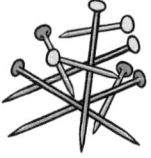

naelad

çiviler

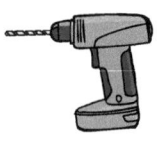

trell

matkap

parandama

tamir etmek

labidas

kürek

Põrgusse!

Kahretsin!

kühvel

faraş

värvipott

boya tenekesi

kruvid

vidalar

pillid

müzik enstrümanı

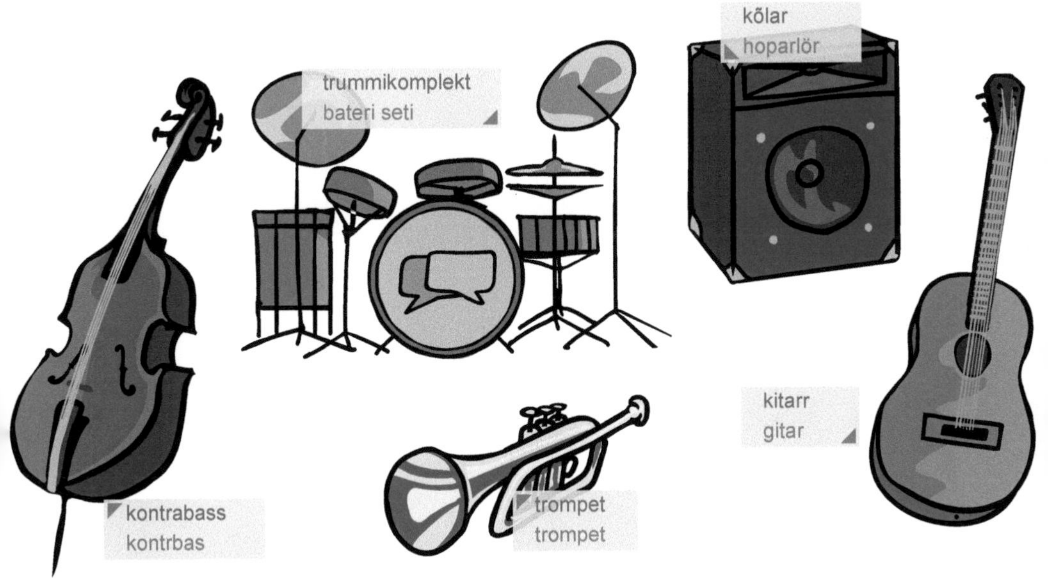

kõlar
hoparlör

trummikomplekt
bateri seti

kitarr
gitar

kontrabass
kontrbas

trompet
trompet

klaver

piyano

viiul

keman

bass

basgitar

timpan

timpani

trummid

bateri

süntesaator

klavye

saksofon

saksafon

flööt

flüt

mikrofon

mikrofon

pillid - müzik enstrümanı

loomaaed
hayvanat bahçesi

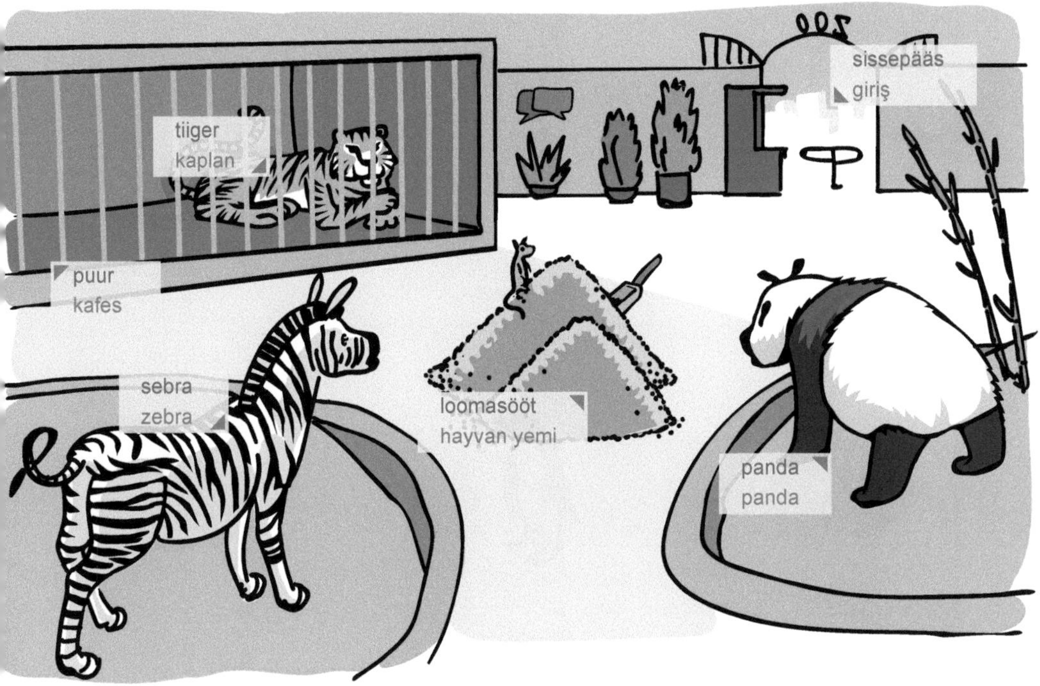

zoo
sissepääs
giriş
tiiger
kaplan
puur
kafes
sebra
zebra
loomasööt
hayvan yemi
panda
panda

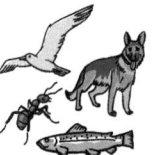

loomad
hayvanlar

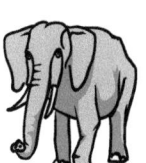

elevant
fil

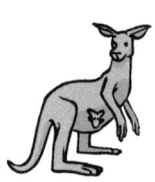

känguru
kanguru

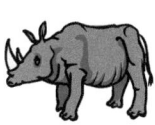

ninasarvik
gergedan

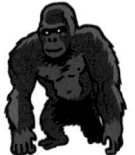

gorilla
goril

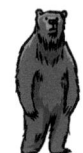

karu
ayı

kaamel

deve

jaanalind

deve kuşu

lõvi

aslan

ahv

maymun

flamingo

flamingo

papagoi

papağan

jääkaru

kutup ayısı

pingviin

penguen

hai

köpek balığı

paabulind

tavus kuşu

madu

yılan

krokodill

timsah

loomaaiatalitaja

hayvanat bahçesi görevlisi

hüljes

fok

jaaguar

jaguar

poni

midilli atı

leopard

leopar

jõehobu

su aygırı

kaelkirjak

zürafa

kotkas

kartal

metssiga

yaban domuzu

kala

balık

kilpkonn

kaplumbağa

morsk

mors

rebane

tilki

gasell

ceylan

Ameerika jalgpall
amerikan futbolu

jalgrattasõit
bisiklete binme

tennis
tenis

korvpall
basketbol

ujumine
yüzme

poksimine
boks

jäähoki
buz hokeyi

jalgpall
futbol

sulgpall
badminton

kergejõustik
atletizm

käsipall
hentbol

suusatamine
kayak

polo
polo

naerma
gülmek

hüppama
atlamak

kallistama
sarılmak

jalutama
yürümek

laulma
söylemek

unistama
hayal etmek

palvetama
dua etmek

suudlema
öpmek

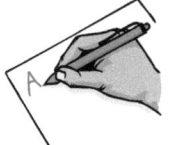

kirjutama
yazmak

joonistama
çizmek

näitama
göstermek

lükkama
itmek

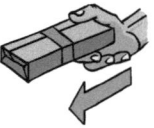

andma
vermek

võtma
almak

omama

sahip olmak

tegema

yapmak

olema

olmak

seisma

ayakta durmak

jooksma

koşmak

tõmbama

çekmek

viskama

atmak

kukkuma

düşmek

lamama

yalan söylemek

ootama

beklemek

kandma

taşımak

istuma

oturmak

riidesse panema

giyinmek

magama

uyumak

ärkama

uyanmak

vaatama

bakmak

nutma

ağlamak

paitama

vurmak

kammima

taramak

rääkima

konuşmak

aru saama

anlamak

küsima

sormak

kuulama

dinlemek

jooma

içmek

sööma

yemek

korrastama

düzenlemek

armastama

sevmek

süüa tegema

pişirmek

sõitma

sürmek

lendama

uçmak

purjetama

denize açılmak

arvutama

hesapla

lugema

okumak

õppima

öğrenmek

töötama

çalışmak

abielluma

evlenmek

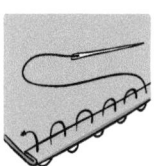

õmblema

dikmek

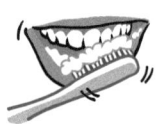

hambaid pesema

diş fırçalamak

tapma

öldürmek

suitsetama

sigara içmek

saatma

yollamak

vanaema
büyükanne

vanaisa
büyükbaba

isa
baba

ema
anne

imik
bebek

tütar
kız

poeg
oğul

külaline
misafir

tädi
teyze

onu
amca

vend
erkek kardeş

õde
kız kardeş

keha

vücut

otsmik
alın
silm
göz
nägu
yüz
lõug
çene
rind
göğüs
sõrm
parmak
käsi
el
käsivars
kol
õlg
omuz
jalg
bacak

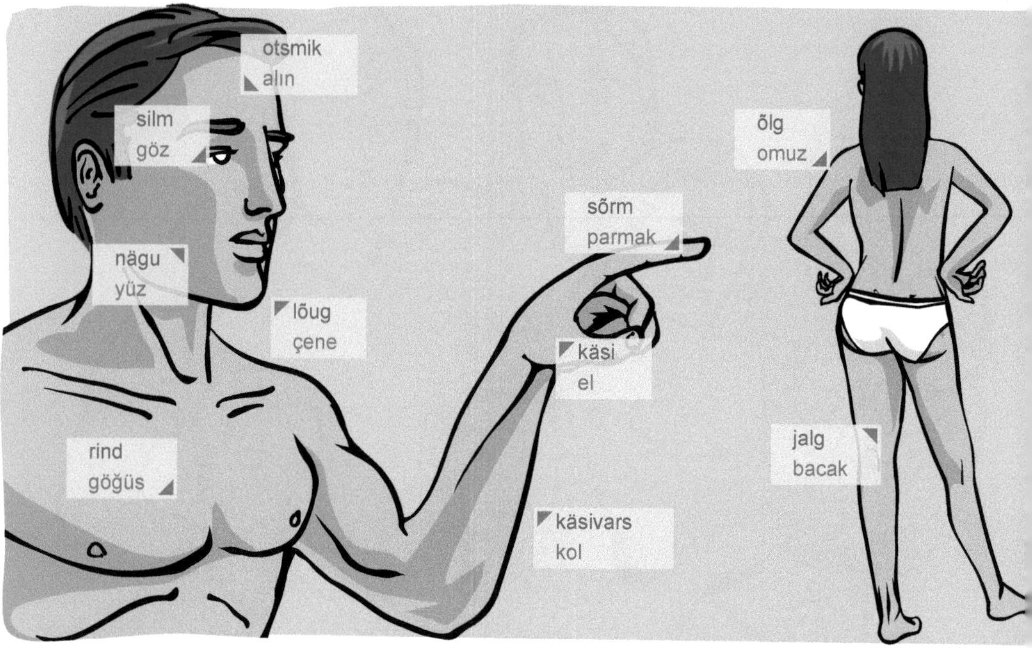

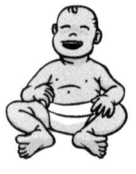

imik

bebek

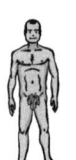

mees

adam

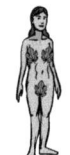

naine

kadın

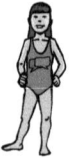

tüdruk

kız

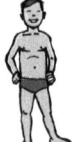

poiss

erkek çocuk

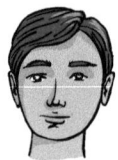

pea

baş

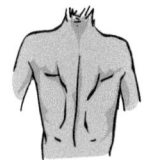

selg
sırt

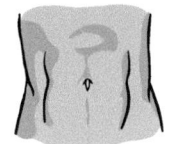

kõht
karın

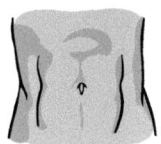

naba
göbek

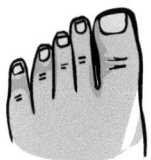

varvas
ayak parmağı

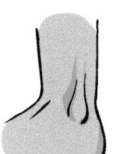

kand
topuk

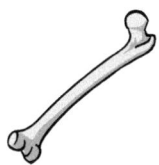

luu
kemik

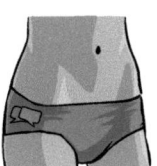

puus
kalça

põlv
diz

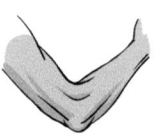

küünarnukk
dirsek

nina
burun

tagumik
kalça

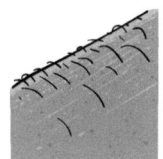

nahk
deri

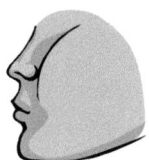

põsk
yanak

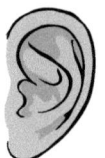

kõrv
kulak

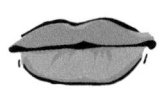

huuled
dudak

keha - vücut

suu

ağız

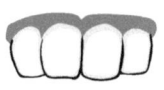

hammas

diş

keel

dil

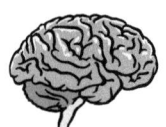

aju

beyin

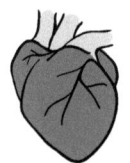

süda

kalp

lihas

kas

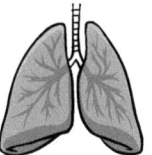

kops

akciğer

maks

karaciğer

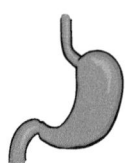

magu

mide

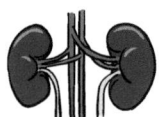

neerud

böbrekler

seksuaalvahekord

seks

kondoom

prezervatif

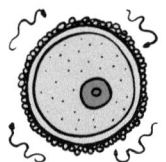

munarakk

yumurtalık

sperma

sperm

rasedus

hamilelik

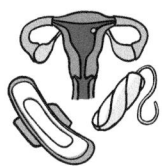

menstruatsioon

regl

vagiina

vajina

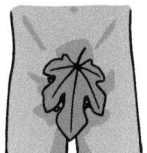

peenis

penis

kulm

kaş

juuksed

saç

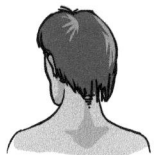

kael

boyun

haigla
hastane

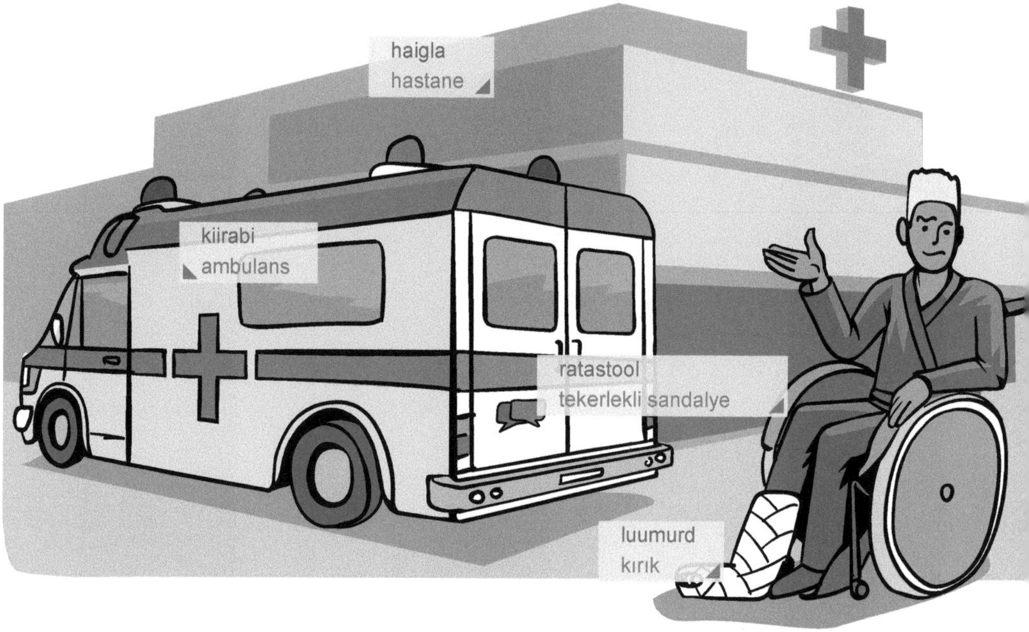

haigla
hastane
kiirabi
ambulans
ratastool
tekerlekli sandalye
luumurd
kırık

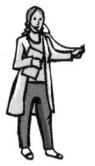

arst
doktor

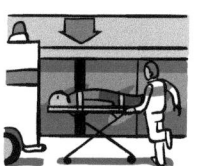

traumapunkt
acil servis

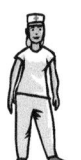

meditsiiniõde
hemşire

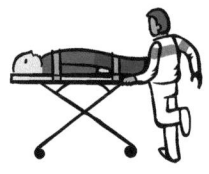

hädaolukord
acil

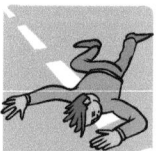

teadvuseta
baygın

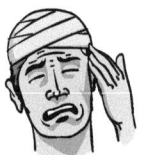

valu
acı

vigastus

yaralanma

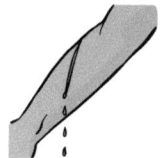

verejooks

kanama

südamerabandus

kalp krizi

insult

felç

allergia

alerji

köha

öksürük

palavik

ateş

gripp

grip

kõhulahtisus

ishal

peavalu

baş ağrısı

vähk

kanser

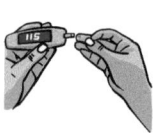

diabeet

şeker hastalığı

kirurg

cerrah

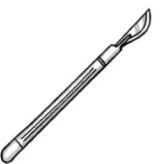

skalpell

neşter

operatsioon

operasyon

KT

bilgisayarlı tomografi

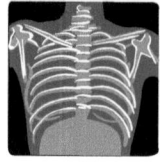

röntgen

röntgen

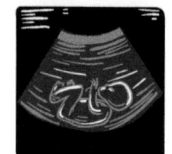

ultraheli

ultrason

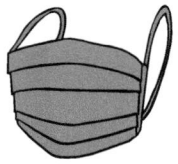

mask

yüz maskesi

haigus

hastalık

ooteruum

bekleme odası

kark

koltuk değneği

kips

yara bandı

side

bandaj

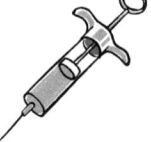

süst

enjeksiyon

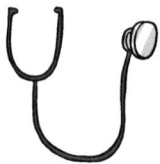

stetoskoop

steteskop

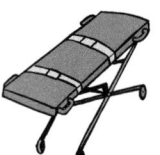

kanderaam

sedye

kraadiklaas

tıbbi termometre

sünd

doğum

ülekaaluline

fazla kilo

kuuldeaparaat

işitme cihazı

desinfektsioonivahend

dezenfektan

põletik

enfeksiyon

viirus

virüs

HIV / AIDS

HIV / AIDS

meditsiin

ilaç

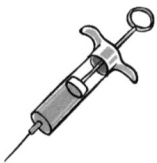

vaktsineerimine

aşı

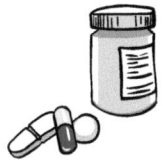

tabletid

tablet

pill

hap

hädaabikõne

acil çağrı

vererõhuaparaat

tansiyon aleti

haige / terve

hasta / sağlıklı

Appi!

İmdat!

häire

alarm

kallaletung

darp

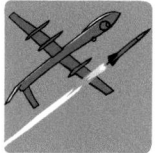

rünnak

saldırı

oht

tehlike

avariiväljapääs

acil çıkış

Tulekahju!

Yangın!

tulekustuti

yangın tüpü

õnnetus

kaza

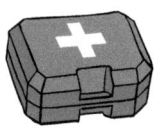

esmaabikomplekt

ilk yardım çantası

SOS

imdat

politsei

polis

Euroopa

Avrupa

Põhja-Ameerika

Kuzey Amerika

Lõuna-Ameerika

Güney amerika

Aafrika

Afrika

Aasia

Asya

Austraalia

Avustralya

Atlandi ookean

Atlantik

Vaikne ookean

Pasifik

India ookean

Hint Okyanusu

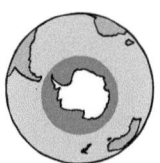

Lõuna-Jäämeri

Antarktika Okyanusu

Põhja-Jäämeri

Arktik Okyanusu

põhjapoolus

Kuzey Kutbu

lõunapoolus

Güney Kutbu

Antarktika

Antarktika

Maa

dünya

maismaa

kara

meri

deniz

saar

ada

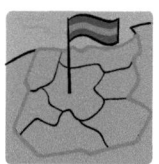

rahvus

ulus

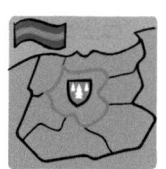

riik

ülke

sihverplaat

kadran

tunniosuti

akrep

minutiosuti

yelkovan

sekundiosuti

saniye ibresi

Mis kell on?

Saat kaç?

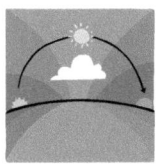

päev

gün

aeg

zaman

praegu

şimdi

digitaalne kell

dijital saat

minut

dakika

tund

saat

nädal
hafta

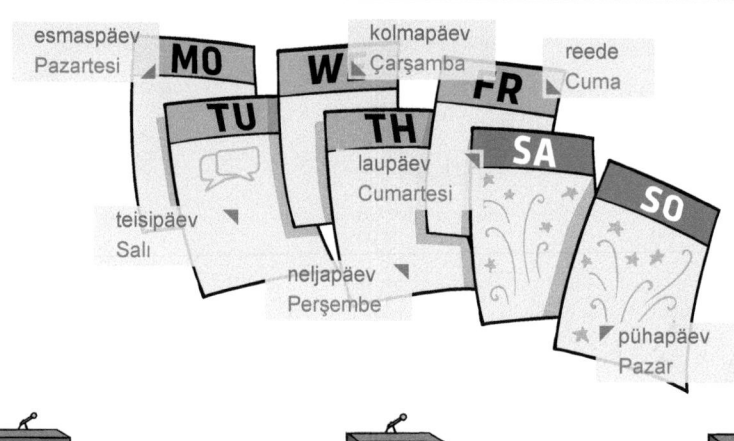

esmaspäev
Pazartesi
MO

W
kolmapäev
Çarşamba

reede
Cuma
FR

TU

TH

SA

laupäev
Cumartesi

teisipäev
Salı

SO

neljapäev
Perşembe

pühapäev
Pazar

eile

dün

täna

bugün

homme

yarın

hommik

sabah

lõuna

öğle

õhtu

akşam

MO	TU	WE	TH	FR	SA	SU
1	2	3	4	5	6	7
8	9	10	11	12	13	14
15	16	17	18	19	20	21
22	23	24	25	26	27	28
29	30	31	1	2	3	4

tööpäevad

iş günleri

MO	TU	WE	TH	FR	SA	SU
1	2	3	4	5	6	7
8	9	10	11	12	13	14
15	16	17	18	19	20	21
22	23	24	25	26	27	28
29	30	31	1	2	3	4

nädalavahetus

hafta sonu

vihm
yağmur

vikerkaar
gökkuşağı

lumi
kara

tuul
rüzgar

kevad
bahar

sügis
sonbahar

suvi
yaz

talv
kış

4.APRIL	11°	☀
5.APRIL	4°	
6.APRIL	13°	
7.APRIL	8°	❄
8.APRIL	10°	☀

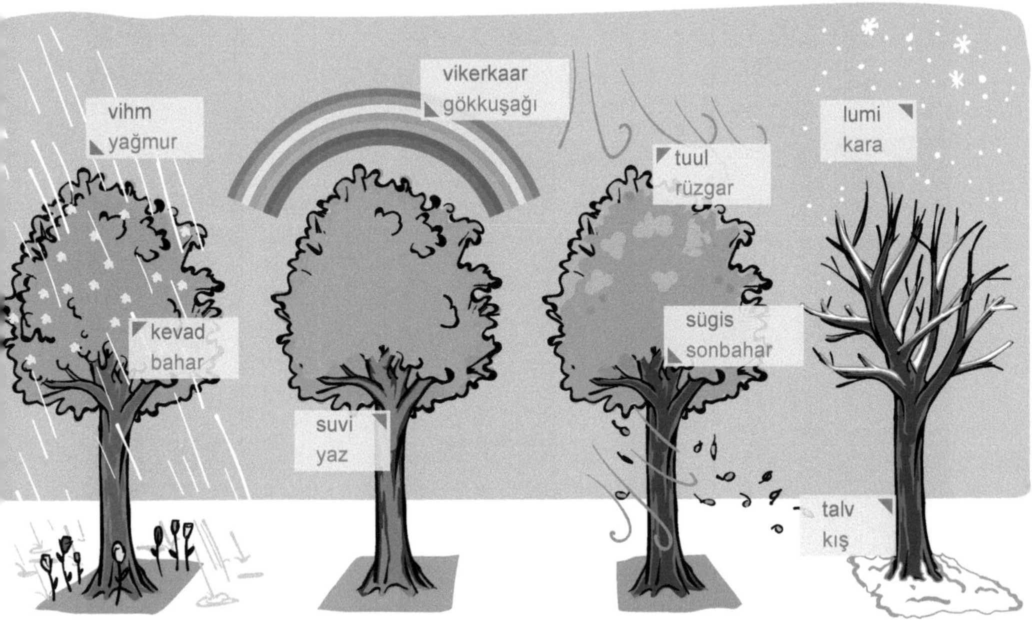

ilmaennustus
hava durumu tahmini

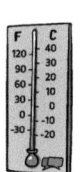

termomeeter
termometre

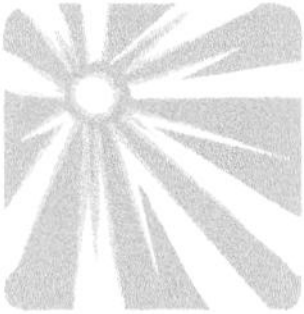

päikesepaiste
güneş ışığı

pilv
bulut

udu
sis

niiskus
nem

pikne
....
şimşek

kõu
....
gök gürültüsü

torm
....
fırtına

rahe
....
dolu

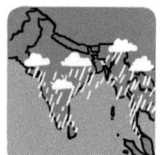

mussoon
....
muson

üleujutus
....
sel

jää
....
buz

jaanuar
....
Ocak

veebruar
....
Şubat

märts
....
Mart

aprill
....
Nisan

mai
....
Mayıs

juuni
....
Haziran

juuli
....
Temmuz

august
....
Ağustos

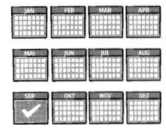

september
Eylül

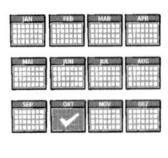

oktoober
Ekim

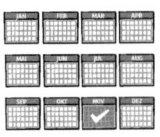

november
Kasım

detsember
Aralık

kujundid
şekiller

ring
daire

ruut
kare

nelinurk
dikdörtgen

kolmnurk
üçgen

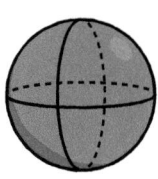

kera
küre

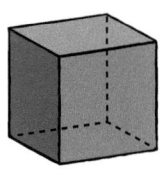

kuup
küp

valge

beyaz

kollane

sarı

oranž

turuncu

roosa

pembe

punane

kırmızı

lilla

mor

sinine

mavi

roheline

yeşil

pruun

kahverengi

hall

gri

must

siyah

palju / vähe

çok / az

vihane / rahulik

kızgın / sakin

ilus / inetu

güzel / çirkin

algus / lõpp

başlangıç / son

suur / väike

büyük / küçük

hele / tume

parlak / karanlık

vend / õde

erkek kardeş / kız kardeş

puhas / must

temiz / kirli

täielik / puudulik

tamam / eksik

päev / öö

gün / gece

surnud / elus

ölü / canlı

lai / kitsas

geniş / dar

söödav / mittesöödav

yenilebilir / yenilemez

kuri / sõbralik

kötü / iyi

põnevil / tüdinud

heyecanlı / sıkılmış

paks / peenike

şişman / zayıf

esimene / viimane

ilk / son

söber / vaenlane

dost / düşman

täis / tühi

dolu / boş

kõva / pehme

sert / yumuşak

raske / kerge

ağır / hafif

nälg / janu

açlık / susuzluk

haige / terve

hasta / sağlıklı

ebaseaduslik / seaduslik

yasa dışı / yasal

tark / rumal

zeki / aptal

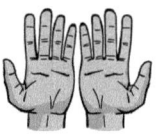

vasak / parem

sol / sağ

lähedal / kaugel

yakın / uzak

uus / kasutatud

yeni / kullanılmış

mitte midagi / midagi

hiçbir şey / bir şey

vana / noor

yaşlı / genç

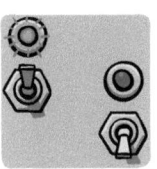

sees / väljas

açma / kapama

lahti / kinni

açık / kapalı

vaikne / vali

sessiz / gürültülü

rikas / vaene

zengin / fakir

õige / vale

doğru / yanlış

kare / sile

pürüzlü / düz

kurb / rõõmus

üzgün / mutlu

lühike / pikk

kısa / uzun

aeglane / kiire

yavaş / hızlı

märg / kuiv

ıslak / kuru

soe / jahe

sıcak / serin

sõda / rahu

savaş / barış

numbrid

sayılar

0

null

sıfır

1

üks

bir

2

kaks

iki

3

kolm

üç

4

neli

dört

5

viis

beş

6

kuus

altı

7

seitse

yedi

8

kaheksa

sekiz

9

üheksa

dokuz

10

kümme

on

11

üksteist

on bir

12

kaksteist

on iki

13

kolmteist

on üç

14

neliteist

on dört

15

viisteist

on beş

16

kuusteist

on altı

17

seitseteist

on yedi

18

kaheksateist

on sekiz

19

üheksateist

on dokuz

20

kakskümmend

yirmi

100

sada

yüz

1.000

tuhat

bin

1.000.000

miljon

milyon

inglise

İngilizce

Ameerika inglise

Amerikan İngilizcesi

mandariini

Çince (Mandarin)

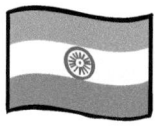

hindi

Hintçe

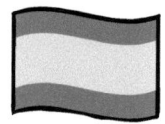

hispaania

İspanyolca

prantsuse

Fransızca

araabia

Arapça

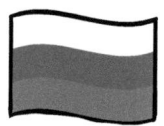

vene

Rusça

portugali

Portekizce

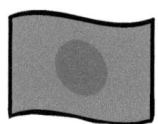

bengali

Bengalce

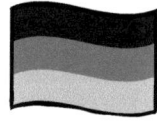

saksa

Almanca

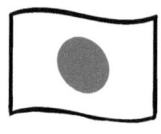

jaapani

Japonca

mina

ben

sina

sen

tema

o

meie

biz

teie

siz

nemad

onlar

kes?

kim?

mis?

ne?

kuidas?

nasıl?

kus?

nerede?

millal?

ne zaman?

nimi

isim

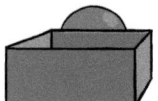

taga
....
arkasında

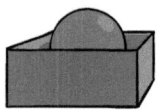

sees
....
içinde

ees
....
önünde

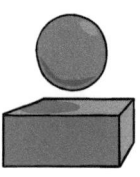

kohal
....
üzerinde

peal
....
.üstünde

all
....
altında

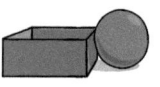

kõrval
....
yanında

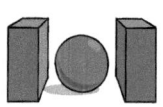

vahel
....
arasında

koht
....
yer